DE LA RÉPUBLIQUE,

OU

COUP-D'OEIL POLITIQUE

Sur l'avenir de la France,

PAR DUMOURIEZ.

Vox populi, vox Dei.

La volonté du peuple est un arrêt céleste
Qui décide son sort, ou propice, ou funeste.

A Hambourg, chez B. G. Hoffmann,
A PARIS,
Chez les marchands de Nouveautés.
1797.

TABLEAU HISTORIQUE.

TANT que la nation française n'avoit pas encore prononcé dans des assemblées légales sa dernière volonté sur le genre de constitution qu'elle voudroit se donner, pour terminer sa trop sanglante & trop longue révolution, non seulement il a été libre à chaque citoyen d'énoncer son opinion & son vœu en faveur de la monarchie, ou de la république; mais il étoit même du devoir de chaque Français de soutenir son avis avec les argumens les plus forts, dussent-ils offenser les partisans de l'avis contraire.

L'intérêt de l'objet sur lequel la nation avoit à prononcer étoit trop important pour ne pas justifier la chaleur des opinions. Il y eût eu même plus de crime à ménager lâchement l'opinion dominante, qu'à irriter ses adversaires, par par une résistance trop opiniâtre.

Tant que la dispute sur cette importante question n'a consisté qu'en paroles & en écrits, il n'y a aucun délit, quelques violentes qu'aient pu être les personnalités, parce que la patrie est tout, & que les individus ne sont rien.

Si l'esprit de faction & de haine a égaré les deux partis, ce qui seroit facile à démontrer, l'établissement de la république consentie par la majorité absolue de la nation, doit être l'époque d'une amnistie générale; sans quoi le terrorisme seroit rétabli, le corps législatif débuteroit par être le vengeur de la convention, & le directoire exécutif ne seroit que le satellite d'un régime féroce, qui anéantiroit dès sa naissance la constitution de 1795.

Les sections de Paris ont lutté contre la convention, ou plutôt contre le parti qui la dominoit. Elles venoient de la sauver du poignard des assassins, elles ont vu ces mêmes assassins délivrés par la convention des fers dont elle les avoit chargés, soustraits à la rigueur des loix qui devoient venger le sang de tant de citoyens. Elles ont vu ces mêmes assassins reparoître effrontément dans les rues, dans les places publiques, dans les maisons, braver l'horreur publique, se présenter aux assemblées primaires, soutenus d'abord secrètement, ensuite publiquement, par cette même convention.

Alors l'indignation des sections provoquée d'ailleurs par les insultes que plusieurs fois leurs députations ont essuyées à la barre, les a entraînées dans des démarches illégales; et (ce qui eſt à peine croyable) la convention environnée d'une armée nombreuſe, qui avoit juré de défendre la conſtitution, a cru devoir ajouter à cette force l'armement de ſes propres aſſaſſins contre ſes libérateurs; & pendant qu'elle établiſſoit dans trois ſections trois tribunaux militaires, elle a retiré tous les décrets de rigueur qu'elle avoit lancés contre les monſtres ſanguinaires qui avoient dévaſté & avili la France.

Voilà ſans contredit des torts mutuels, mais les ſections ſont abrogées, la convention n'exiſte plus. Que doit faire la nation régénérée & républicaine? Ordonner l'oubli du paſſé, ſans quoi il conviendroit de juger avec la même ſévérité & les ſections & la convention nationale.

Ce qui peut en quelque ſorte juſtifier la convention, non pas du réarmement des terroriſtes, qui eſt inexcuſable; mais de ſa ſévérité contre les trois ſections de Paris, c'eſt la complication des complots des royaliſtes avec la querelle des ſections.

Il n'eſt pas douteux que dans toutes les occaſions de diſſention, ſur-tout pendant la guerre, on rencontrera toujours, & des manœuvres ſecrètes des ennemis extérieurs de la France, & des conjurations de ce parti, qu'on a traité avec trop de tyrannie pour pouvoir le ramener. Le royaliſme & le zèle religieux ne ſont pas prêts à s'éteindre en France. La perſécution ne fait que les changer en fanatiſme, & peut-être les fortifier.

En oppoſant des jacobins aux royaliſtes, des bandits aux prêtres, on rend la cause de la république odieuse, on justifie la cause opprimée, on la rend respectable, & on lui donne pour partisans tous les hommes qui aiment la justice & la paix, tous ceux qui pleurent sur les crimes, & qui sont las de la terreur, & c'est le tiers de la France.

Le seul moyen d'éteindre les factions, c'est de faire aimer la république, c'est de faire trouver dans la simplicité & l'impartialité des loix, dans la fermeté, la prudence & la douceur du gouvernement, dans la juste répartition des impositions, dans l'économie des dépenses, dans l'application éclairée des récompenses & des encouragemens, le bonheur des individus & la gloire de l'état.

Le sort de la France est décidé. Le peuple souverain a parlé, *tout Français doit, ou se soumettre, ou renoncer à sa patrie.* Jusqu'à cette époque chaque opinion étoit libre. J'ai donné franchement la mienne pour la monarchie constitutionnelle. J'ai mis dans mes argumens toute l'énergie que m'inspiroit la conviction intime, le desir de voir ma patrie heureuse.

Le même sentiment qui a guidé ma plume, lorsque j'ai regardé la question comme encore indécise, me fait faire des vœux pour la République, puisqu'elle est établie. Quant à mon opinion, elle va se perdre comme un foible ruisseau dans l'Océan de l'opinion publique.

Ce n'est ni inconstance, ni desir de courtiser le parti triomphant. J'ai toujours dit, toujours écrit que toute nation est libre par un droit naturel imprescriptible. Ce droit emporte celui de créer ses loix, sa constitution, son gouvernement, de déléguer l'exercice de sa souveraineté ; car, quant à la souveraineté même, elle est inaliénable. Ainsi, chaque peuple a le droit, non-seulement de réformer, mais de changer sa constitution & son gouvernement.

Peut-être eût-il été à souhaiter, non-seulement pour l'humanité, mais même pour son propre bonheur, que le peuple français eût fait une réforme au-lieu d'une révolution. Ses crimes & ses malheurs sont une terrible leçon pour tous les peuples & tous les siècles.

Mais en dépouillant la révolution française de toutes les horreurs qui l'ont souillée, le peuple n'a fait qu'user de son droit ; & *tout Français, à moins de renoncer à sa patrie, doit diriger tous ses vœux & toutes les facultés de son ame vers le bien-être de la république française.* Fidèle à mes principes, je ſacrifie mon opinion à mon ſentiment pour ma patrie.

Si les royaliſtes ont intrigué dans les ſections, ſi ce ſont eux qui leur ont mis les armes à la main, s'ils ont tenté de combiner le mouvement de la capitale avec la deſcente du comte d'Artois, la guerre de la Vendée, les inſurrections dans plusieurs départemens, ils ſont auſſi criminels que mal-adroits ; car la cataſtrophe de Quiberon, les vaines tentatives ſur Noirmouſtier & ſur les côtes du Poitou, ont achevé d'exaſpérer contre eux une nation, à laquelle ſes ennemis préparent preſque toujours de nouveaux triomphes par l'imprudence des combinaiſons ſucceſſives de leurs attaques.

L'affaire de Quiberon a été ſi mal conduite, qu'il auroit ſemblé que le miniſtère anglais ſacrifioit cette poignée d'émigrés, si son intérêt n'eût été réellement contraire à cette atroce politique : mais persister à tenter une descente dans la saison des équinoxes sur une côte plate, dangereuse & sans abri, paroît la folie la plus absurde.

Les royalistes sont donc encore plus à plaindre qu'ils ne sont coupables. Sans force par eux-mêmes, maintenus dans leur pernicieuse opiniâtreté par des demi-secours, ils sont le jouet des erreurs ministérielles de la politique des cours, & ils finiront par être sacrifiés à la paix, dont toute l'Europe a un égal besoin.

Je crois que Tallien a exagéré leurs dernières fautes, comme il a imaginé l'atroce fiction des poignards empoisonnés pour rendre la convention & le peuple plus implacables contre l'intrépide Sombreuil & les malheureuses victimes de Quiberon. Les phrases coupées & incohérentes qu'on a trouvées dans la correspondance de le Maître ne présentent aucun plan réel de conspiration, mais seulement des idées vagues jettées sans ordre. Tout Bâle nie qu'il puisse avoir existé un comité secret dans cette ville sous les yeux d'une police vigilante & des ministres plénipotentiaires de toute l'Europe.

Cependant, peu s'en est fallu que ces accusations grossières n'ayent suffi pour faire arrêter, proscrire & peut-être périr sur l'échaffaud les membres les plus habiles de la convention. Boissi-d'Anglas qui avoit montré une fermeté si noble le le 21 Mai, Lanjuinais, de Fermont, Henri-la-Rivière, le Sage d'Eure & Loire, Cambacérès, enfin tous ceux qui ont mérité la confiance de la nation entière, en travaillant jour & nuit à la constitution qu'elle vient d'adopter, ont été sur le point de sceller de leur sang l'établissement de cette constitution, tandis que Tallien & quatre satellites aussi fougueux que lui alloient renouveller le gouvernement révolutionnaire, & se seroient trouvés tout établis au moment de l'installation du nouveau corps législatif, pour former le directoire exécutif, & cimenter avec le sang de leurs adversaires l'établissement de la république, qu'ils auroient rendu odieuse.

Dans cette occasion le courage de Thibaudeau a sauvé la France de la nouvelle tyrannie, & c'est un des plus grands services qui ayent été rendus dans le cours de cette révolution, qui enfin doit cesser, puisque le peuple a décidé son sort, que les derniers efforts de l'anarchie viennent d'échouer & que la nation entière eſt éclairée ſur les projets & les manœuvres de toutes les factions.

Il y a encore un reproche très-grave à faire à la convention ſur l'animoſité qu'elle a montrée juſqu'au dernier moment de ſon exiſtence contre les ennemis de ſes coryphées. Elle a accordé une amniſtie générale ſur toutes les accuſations relatives à la révolution, c'eſt-à-dire, qu'elle a pardonné tous les excès & tous les crimes qui déshonorent la nation, & qu'elle a rendu à la ſociété les monſtres qui la troubleront encore. Mais elle a excepté de cet acte d'indulgence tous les accuſés de la conjuration du 5 octobre.

C'eſt à la républiqne délivrée de l'anarchie à faire le reſte. C'eſt à la nation régénérée à caſſer le teſtament *ab irato*, qui flétrit les derniers instans de cette assemblée trop criminelle pour être indulgente, & qui la rend coupable du crime énorme de remettre tous les monstres en activité, pour renouveller tous les maux de la France, & détruire peut-être dès sa naissance cette constitution qu'elle regarde comme l'unique moyen de son salut.

Avant d'examiner cette constitution qui paroît devoir fixer le sort de la France, il faut encore s'arrêter sur le tableau que nous a présenté la rapide & sanglante époque de son établissement.

Comme la convention n'existe plus, il est permis à présent, sans offenser la dignité nationale, de dévoiler tous les motifs de sa conduite, pour mettre le peuple en garde sur le retour des mêmes catastrophes. L'intérêt personnel, la crainte, la vengeance, la foiblesse, l'esprit de faction, l'enthousiasme factice, l'ignorance, l'orgueil l'ont ballotée d'erreurs en crimes.

Les gouvernans connoissoient, avouoient tous leurs délits. Ils avoient excité trop de haine & de mépris pour ne pas s'occuper exclusivement de leur sûreté au moment fatal de la dissolution de leur assemblée. Ils ont cru n'avoir d'asyle assuré que dans la continuation du pouvoir. C'est ce qui a dicté le décret de la réelection des deux tiers de leurs membres.

Cette disposition étoit bonne en elle-même; il suffisoit de l'indiquer à la nation, qui satisfaite de voir terminer la cruelle anarchie contre laquelle elle réclamoit depuis si long-temps, avoit intérêt à conserver une majorité prépondérante de ses anciens membres dans la nouvelle législature.

Si la convention nationale avoit eu la conscience de sa propre estime & de la considération publique, elle auroit certainement pris le parti noble & franc de proposer la réélection des deux tiers à titre de simple conseil. Mais elle étoit trop coupable & trop effrayée pour agir ainsi. Elle a porté une loi qui attentoit réellement à la souveraineté du peuple, & cette loi a fait répandre beaucoup de sang, parce que les sections de Paris, qui avoient raison dans le principe, ont eu tort dans les conséquences.

La convention devoit d'autant plus pardonner les torts du 5 octobre, qu'elle les avoit provoqués par ses propres torts. Elle a puni la France entière des fautes de Paris, en revomissant dans la ſociété, des monſtres qu'il faudra de nouveau ſoumettre au glaive de la loi. Il eſt vraiſemblable que Collot-d'Herbois (1) & Billaud de Varennes ſeront rappellés de Cayenne, en vertu de l'amniſtie, qui s'étend ſur tous les crimes de la révolution. Voilà Barrère en liberté, on a ſans doute favoriſé ſon évaſion. Les priſonniers de Ham ſont libres en vertu d'un décret. Pache, Bouchotte, &c. ſont acquittés, & Paris eſt rempli de Jacobins & de Terroriſtes, qui vont *travailler* de nouveau.

On a déjà adouci autant qu'on a pu toutes les idées que le peuple pouvoit s'être faites de cette horde de ſcélérats qu'on a remis dans la ſociété, la langue de la révolution eſt compoſée de mots nouveaux, dont la plupart, ſelon les

(1) Il est mort depuis cet écrit.

circonſtauces, expriment des idées contraires à leur vraie ſignification.

La ſecte horrible des Jacobins s'eſt reproduite avec avantage à l'occaſion des diſputes entre les journaliſtes, qui ſe ſont terminées par la ſciſſion entre la convention & les ſections de Paris. Cette ſciſſion a enfanté les maſſacres du 5 Octobre; pour les opérer, la convention a pris l'odieux moyen de réarmer les terroriſtes, ces mêmes hommes qui avoient maſſacré le repréſentant Ferraud le 21 Mai, qu'elle avoit elle-même déſarmés par un juſte décret le 23 du même mois.

Elle a fait de ces monſtres un bataillon *ſacré* ſous le nom de patriotes de 1789. Ces terroriſtes, ces patriotes, ſont les jacobins ſous un nouveau *ſobriquet*, qui maſque ce qu'ils ſont, ſous une dénomination, qui ſignifie ce qu'ils ne ſont pas. car quels étoient les vrais patriotes de 1789 ?

C'étoient des hommes courageux qui abattoient la tyrannie miniſtérielle, en détruiſant la baſtille, en ſoutenant les opérations légales de l'aſſemblée de la nation, en repouſſan t une armée preſque toute étrangère conduite par le pouvoir arbiraire pour anéantir l'aſſemblée conſtituante.

C'étoient des hommes qui attendoient avec confiance la conſtitution faite par leurs repréſentans, qui l'avoient acceptée avec tranſport, qui avoient applaudi à la conduite grande & généreuſe de cette aſſemblée envers un roi foible, que des conſeils perfides avoient entraîné au parjure & à la fuite.

C'étoient des Français braves, généteux, justes entre'ux & envers le roi que la constitution avoit rendu inviolable, conciliant l'amour de la liberté avec celui de la justice & de la droiture.

Tels étoient les patriotes de 1789. Peut-on s'aveugler assez pour donner ce nom aux satellites des Marat & des Robespierre? La convention n'aura-t-elle pas toujours à se reprocher d'avoir associé, pour punir une insurrection illégale, mais provoquée, cette horde de cannibales avec les braves soldats de la république? Je ne conçois pas comment ces soldats ont pu joindre leurs armes triomphantes à des armes aussi criminelles; comment un général a pu se présenter pour se mettre à leur tête.

Il est des démarches que le succès même ne justifie pas. Car enfin, si dans les deux horribles journées de cette guerre civile, la résistance des Parisiens eût été mieux combinée & plus opiniâtre, la convention auroit eu la douleur de voir ses vengeurs égorgés par ses assassins, elle auroit tiré du fond des cachots des monstres pour massacrer un peuple honnête qui l'avoit toujours soutenue, même avec un zèle aveugle qui depuis deux ans sur-tout résistoit avec une constance opiniâtre à la famine & à toutes les calamités révolutionaires, pour ne pas se séparer de la cause de ses représentans. La convention dans cette catastrophe a été plus heureuse que sage.

C'est encore ici le cas de ranger tout ce qui s'est passé dans la classe des grands évènemens produits par les petites causes. Car, quel est le principe des passions furieuses qui ont entraîné si loin les deux partis ? Pas autre qu'une dispute de jalousie entre journalistes ou gens de lettres. Ceux en dehors de l'aſſemblée mordoient par leurs ſatyres les journaliſtes & écrivains repréſentans. Ceux qui avoient été autrefois martyrs de la liberté de la preſſe, étoient devenus perſécuteurs, quand leur orgueil d'écrivains avoit été compromis. La choſe publique n'étoit pour rien dans cette querelle.

D'après cet exemple & tant d'autres des inconvéniens qu'entraîne la licence des repréſentans qui dirigent & ſouvent égarent le peuple dans des journaux toujours au moins indiſcrets, il devroit être défendu à tout repréſentant, membre du directoire, miniſtre, ou principal adminiſtrateur, de compoſer des journaux ou feuilles périodiques. La gravité de leurs fonctions, s'ils veulent les remplir avec dignité, eſt incompatible avec le métier de folliculaires.

Si

Si Tallien & son parti avoient été sûrs d'être réélus par les sections de Paris, on n'auroit fait que rire des énergiques pamphlets de Richer de Sérisy & autres, & il n'y auroit pas eu de massacre. Au reste, dans tout ce qu'a écrit Richer-Sérisy avec sa plume de feu, il est des vérités terribles qui peuvent par la suite opérer une grande réaction : la trace de son charbon ardent a profondément sillonné l'opinion publique. Si malheureusement un jour quelques-unes de ses prédictions s'accomplissent, l'indignation publique dont on cherche à le couvrir retombera sur ses persécuteurs.

Si les passions les plus effrenées n'étoient pas le seul guide qui paroît conduire tous ceux qui gouvernent, ou agitent la France dans cette longue crise révolutionnaire, on ne se feroit pas couvert réciproquement de ridicules & de calomnies, on n'auroit pas vu la malice & l'esclavage lutter contre l'orgueil & la vengeance; on ne se seroit pas inondés de flots d'encre, convertis en ruisseaux de sang; on auroit discuté avec sang-froid & bonne intention les principes, & le parti dont l'opinion eût prévalu, n'auroit pas eu à craindre qu'on accusât la constitution qu'il auroit produite, de violence & de tyrannie.

Ce reproche est toujours renaissant, & si par hasard le gouvernement ne répondoit pas aux brillantes promesses qu'il a faites, à l'espoir & au vœu des peuples; si par hasard il ne procuroit ni la cessation de la pénurie & de l'agiotage, ni la sûreté des propriétés & des personnes, ni le rétablissement du crédit national, ni la terminaison d'une guerre, qui depuis deux mois paroît prendre une tournure très-défavorable, alors toutes les classes de citoyens & même l'armée exigeroient encore une autre révolution.

Alors l'armée reprocheroit même les bienfaits, même l'augmentation très-dispendieuse & difficile à soutenir, de deux sous en numéraire, même le supplément pareil de paie ajouté aux appointemens des officiers; elle reprocheroit ce décret des deux tiers, qui a coûté du sang; elle reprocheroit la part politique qu'on lui a donnée dans la constitution, en lui accordant une faculté délibérante, qui ne convient point à son organisation.

Il n'y a que l'excellence du gouvernement qui puisse faire oublier tous les maux qui se sont reproduits dans cette dernière crise. On ne peut pas se dissimuler que la première aſſemblée légiſla-tive ne ſe forme ſous les plus mauvais auſpices, que la faction des Jacobins n'ait été en quelque ſorte rétablie par la faction Thermidorienne. Cette dernière a fait des Jacobins ſa garde prétorienne; mais es-père-t-elle pouvoir les contenir toujours dans de juſtes bornes, ou les précipiter de nouveau dans les enfers? elle a dit dans ſa colère.

Flectere ſi nequeo ſuperos, Acheronta movebo.

Voilà encore une fois les démons dé-chaînés; leur règne affreux peut renaître, il faudra de nouveaux maſſacres pour arrêter leurs progrès.

Les diſgraces des armées vont encore leur donner un nouveau crédit. Déjà on dit qu'elles ſont dues aux royaliſtes, aux ariſtocrates, pendant qu'elles ne ſont que le fruit de l'imprudence & des plans téméraires ; on a déjà dit, on répétera que ſous Robeſpierre & avec le ſyſtème de terreur on étoit victorieux par-tout Ce n'eſt point ſous un point de vue rai ſonnable que cette ſuite de diſgraces ſera envisagée : la faction dominante ajoutera à cette calamité, en en abuſant pour rétablir le règne de la terreur, à moins que le gouvernement ne ſoit ferme, ſage & imperturbable à la voix de toutes les factions, qui déchireront l'aſſemblée légiſlative.

Au reſte, le gouvernement doit bien ſe perſuader que la terreur ſeroit à préſent un mauvais lévier pour remuer la nation en maſſe. Lorſque Robeſpierre a employé ce moyen, qui ne peut nulle part réuſſir qu'une fois, les frontières étoient entamées par l'ennemi, mais toute la nation étoit dans sa force; il y avoit encore du numéraire, les assignats ne s'étoient pas, à beaucoup près, élevés à une masse énorme; le discrédit du papier n'étoit pas encore consommé; les biens des émigrés & leur mobilier existoient encore; toute la bande de pays entre la France & le Rhin présentoit à l'avidité du soldat, & sur-tout des commissaires, une proye attrayante, la conquête de la Hollande faisoit espérer de grandes richesses; il y avoit par-tout à gagner en s'avançant toujours devant soi. Les Français avoient le courage dévastateur des conquérans.

Le tableau est entièrement changé. Dans l'intérieur les dépenses ont plus que décuplé; le directoire, avec deux ou trois milliards par mois, pourra à peine faire face aux frais du gouvernement, soit pour retarder la banqueroute, soit pour détourner la famine, soit pour soutenir une guerre trop longue, & qui devient malheureuse : il ne lui restera pas de quoi solder le crime.

L'homme fait manqué pour le recrutement, les chevaux pour les remontes & les charrois, les bestiaux pour la nourriture : les armes, les vivres, l'habillement sont rares, difficiles & dispendieux. Les armées, après avoir épuisé les pays conquis, que, malgré tous les décrets de réunion, aucun soldat français ne s'accoutume à regarder comme sa patrie, n'aspire qu'à les abandonner pour rentrer dans ses foyers. La volonté manque encore plus que le courage, & bien loin de réussir à présent par la guillotine à faire remarcher en avant des troupes dégoûtées, & sacrifiées si long-temps à un systême odieux d'envahissement, il seroit à craindre que ces mêmes armées, rentrées dans leur patrie, aigries par des revers multipliés, ne retorquassent contre les gouvernans & les législateurs l'argument de la guillotine.

Il faut donc que, peut-être contre leur inclination, mais pour leur propre sûreté, l'assemblée législative & le directoire s'opposent à la renaissance du terrorisme, qu'ils reconnoissent que les moyens exagérés sont épuisés & plus dangereux que la crise même à laquelle on voudroit les faire servir de remède.

Il est temps de restituer à l'art militaire l'estime qui lui est dûe. Tant que les coalisés ont agi sur des plans incohérents & sans ensemble, surtout tant que leurs généraux n'ont pas eu carte blanche, ils ont été battus par une néceſſité géométrique.

Lorſque les Français, au mois de Septembre, ont fait la folie de ſe mettre un grand fleuve à dos, pour entreprendre, dans une ſaiſon pluvieuſe, à l'approche de l'hiver, le ſiège d'une place très-forte, défendue par une armée dont la circonvallation, coupée par deux rivières, exige deux armées ſéparées, & même un troiſième corps, pour couper la communication de la pointe du Mein;

Lorſque ſéduits par la foibleſſe avec laquelle les Palatins ont rendu Duſſeldorff & Manheim, les commiſſaires, ou les généraux, ont conduit des braves ſoldats à la boucherie, & en ont fait maſſacrer l'élite dans des aſſauts téméraires contre Ehrenbreitſtein & Koſtheim; lorſqu'ils ont été ſe mettre entre deux feux sur le Berg, le Strass, & se sont fait battre sur les deux rives du Neker;

Lorsque trop confians dans des retranchemens presqu'inattaquables, ils se so.it laisséch asser de devant Mayence: lorsqu'ils se sont toujours laissé tourner, & qu'ils n'ont tenu ni à Creutznach, ni à Kayserlautern: lorsque, sans moyens subsistance, dans l'espoir de faire une diversion, ils ont fait repasser une seconde fois le Rhin à leur colonne de Dusseldorf, & l'ont reportée sur la Sieg par le plus inutile, le plus faux et le plus dangereux des mouvemens.

Lorsque les Impériaux, revenus de leur première surprise, ont repris confiance en leurs généraux, qui leur ont fait connoître la mauvaise position & la ruine probable des armées françaises;

lorſque tous les mouvemens de ces généraux ont été hardis, rapides & méthodiques ; alors tout ce qui eſt arrivé eſt dans l'ordre des événemens néceſſaires ; c'eſt un enchaînement de cauſes & d'effets que la nation ne peut reprocher qu'aux auteurs du plan du paſſage du Rhin.

La retraite des Français eſt certainement fâcheuſe, & leur coûte beaucoup d'hommes, de bagages & de munitions ; mais elle ne doit pas les abattre, & ne doit être regardée que comme une forte leçon qu'ils ſe ſont attirée : les ſuites n'en ſont pas même très-dangereuſes, à moins que l'eſprit de vertige n'ait un principe plus profond ; elles ne changent rien à la poſition intérieure, ni extérieure de la France. Cette retraite ne peut influer, ni ſur les négociations pour la paix, ni ſur la continuation de la guerre.

Il y a le même danger pour les Impériaux à s'établir à la rive gauche du Rhin, où ils n'ont ni places ni magaſins, qu'aux Français à avoir été ſe compromettre à la droite de ce fleuve. Ainſi cette ſuite de victoires n'eſt qu'une opération de défenſive heureuſe, parce qu'elle a été bien combinée, & elle ne peut pas ſe tourner en offenſive preſſante. Quand même les Impériaux auroient ce projet, ils ſeroient obligés de le ſuſpendre juſqu'au printemps; & les Français auroient le temps de préparer leurs immenſes moyens de défenſe.

Mais cet enchaînement de diſgraces, dont j'avois prévu la poſſibilité dans le premier numéro de mon *coup-d'œil politique*, doit faire connoître enfin aux deux conſeils & au gouvernement, que cette fameuſe barrière du Rhin n'eſt bonne que ſur la carte. Les Français ont prouvé aux Allemands, & ceux-ci aux Français, qu'on paſſe ce grand fleuve, où l'on veut & comme on veut. Il n'y a de vraies barrières que des places fortes, & la bonne volonté des peuples.

Tous les pays entre le Rhin & la Sarre, de la Moſelle à Landau, eſt ouvert & sans places fortes; il n'y a pas une ſeule place entre Coblentz & Trèves, pour défendre la Moſelle; Trèves n'eſt pas fort, & placé ſur la rive droite, il eſt contre la défenſive de cette rivière. Coblentz, ſitué de même, eſt en outre ſoumis à Ehrenbreiſtein.

La priſe de ce château, que les Français ont trop négligée, étoit ou l'aſſurance ou la ruine du projet de ſiége de Mayence. Jourdan ne devoit pas passer la Sieg & s'avancer sur le Mein, avant d'avoir pris Ehrenbreistein, pour s'assurer tout le cours du Rhin, depuis Dusseldorf jusqu'à Mayence; ou plutôt il y avoit tout un autre plan à suivre en passant le Rhin.

Trèves & Coblentz seront toujours facilement pris par une armée Allemande, lors de son invasion, & alors elles serviront de places d'armes pour porter la guerre à la rive gauche de la Moselle, & prendre à revers Bonn, Cologne, Aix-la-Chappelle & Liége, sans s'inquiéter de Luxembourg, qui est trop en arrière, & trop loin, pour gêner les attaquans.

S'il y avoit un camp retranché à la Chartreuse de Liége, si Hui étoit bien fortifié, ainsi que Limbourg & Namur,

...n pourroit arrêter l'ennemi ſur la Meuſe, & l'empêcher de pénétrer dans la Belgique, en tirant ſa ligne de défenſe depuis Luxembourg juſqu'à Vanloo. Mais il faudroit toujours ſacrifier tous le pays entre la Meuſe & le Rhin, le cours de la Moſelle juſqu'à Thionville, & toute la bande entre la Sarre, la Moſelle, le Rhin & Landau, pour en faire le théâtre de la guerre. Carnot, qui peut paſſer pour un ſavant militaire, a exprimé à-peu-près la même opinion dans ſon diſcours ſur la conſervation des conquêtes.

Quant à la bonne volonté des peuples, elle ne peut certainement pas exiſter de la part des Allemands de la rive gauche du Rhin. On les a traités avec trop d'inſolence, on les a dépouillés avec trop d'avarice, pour qu'ils s'identifient jamais avec la nation dans laquelle on les a incorporés malgré eux ; ou qu'ils s'attachent à une constitution républicaine qui leur enlève leur religion, leurs mœurs, & qui ne leur produit que la guerre, le massacre, la famine, la pauvreté & tous les vices. On ne peut pas douter qu'ils ne fassent les vœux les plus ardens pour leurs compatriotes, qu'ils regardent comme des libérateurs, & s'ils ne se joignent pas à eux, c'est parce qu'ils sont désarmés, & avilis par leurs calamités.

Quant aux Belges, malgré les fausses assertions de Merlin de Douay, & les ridicules certificats des commandans militaires Français, & des commissaires du pouvoir exécutif, qu'il oppose à ma lettre à la Convention, du 22 mars 1793, & comme des preuves de leur unanimité pour l'incorporation de leur pays, on verra à l'approche des Impériaux, quels sont les vrais sentimens de ce peuple opprimé. Il a déjà sa Vendée, & si elle ne grossit pas au point de faire une diversion efficace en faveur des Autrichiens, au moins verra-t-on la nation Belge rester neûtre entre les combattans, & attendre avec la même apathie que par le passé, la décision de son sort.

Tel est l'esprit public de toute la frontiere orientale de la France. Le Directoire connoît également les vraies dispositions de la Savoie, du comté de Nice & de la Corse. Ce que les factieux de l'Assemblée législative appellent *la faction des anciennes limites*, est parfaitement justifié par cet état des choses.

Il est certain que le gouvernement

françaìs ne peut pas se flatter de conserver ses conquêtes, parce que la trop grande extension de territoire qu'il a acquis exige, pour sa conservation, de trop fortes armées, & parce que les peuples de ces contrées n'aideront pas même à leur propre défense.

Il est certain que la France n'aura la paix qu'en renonçant à ses conquêtes, & en l'annonçant avec authenticité. Il est certain qu'elle a le plus grand besoin de la paix, sans quoi, non-seulement sa constitution n'est pas assurée, mais elle a tout à craindre pour sa liberté même. Voilà les grands objets qui doivent occuper en ce moment les représentans de la nation, & qui doivent être discutés avec maturité, pour préparer la nation à la sagesse & à la justice.

Je ne dis pas que le temps des disgraces soit celui qu'on doive choisir pour annoncer la décision de cette importante question. A Dieu ne plaise qu'après cinq ans de triomphes, les Français aient l'air de céder à la force; ils ont encore d'énormes ressources, dont le passage du Rhin par les Impériaux exige le prompt développement. Mais lorsqu'ils auront rétabli leur supériorité, ou au moins l'égalité dans les opérations militaires, lorsqu'il n'y aura plus de honte pour eux à négocier, alors il est à souhaiter qu'abjurant l'injuste & dangereux système de conquêtes, ils terminent cette guerre, & qu'ils ajoutent aux sanglans & funestes triomphes qu'elle leur a procurés, la gloire plus utile d'être justes & généreux. C'est-là ce qu'ils doivent aux principes de la conſtitution qu'ils ont adoptée; elle proſcrit les conquêtes & les guerres offenſives.

De la Constitution de 1795.

LA Conſtitution eſt le principe du Contrat Social ; le gouvernement en eſt l'action ; ſes mouvemens ne doivent pas être gênés tant qu'ils ſont dans la conſtitution, ils ne doivent rencontrer aucune repreſſion de la part d'aucune des parties du corps ſocial, le combat qui en réſulteroit produiroit l'anarchie.

Le peuple français a décidé ſon ſort en acceptant la conſtitution républicaine ; il doit regarder le corps légiſlatif comme l'organe de la loi, & ne ſouffrir de ſa part aucun empiétement ſur les fonctions du Directoire exécutif. Il eſt poſſible de rendre un peuple heureux avec un gouvernement ſans conſtitution, mais il ne peut réſulter que le malheur public d'une conſtitution ſans gouvernement.

La conſtitution, examinée impartialement, eſt meilleure dans ſes détails que celle de 1791; car, quant aux principes ils ſont les mêmes, quoique l'une fût monarchique, & que l'autre ſoit républicaine. Il eſt même vrai que la dernière conſtitution pourroit mieux s'amalgamer avec une monarchie conſtitutionnelle que la première: il ne s'agiroit que de relier, en un tome, les cinq volumes du Directoire, en prolongeant à vie la préſidence, ou la rendant héréditaire.

On ne peut qu'applaudir au courage & au patriotiſme, ainſi qu'aux talens du petit nombre de députés qui ſont venus à bout de la faire adopter, après un gouvernement révolutionnaire, après la tyrannie de Robeſpierre, au milieu d'une anarchie furieuſe, ſoutenue & propagée par la majorité d'une aſſemblée pleine de paſſions aveugles. Il y a eu une grande audace à ſupprimer en entier la dégoûtante conſtitution de 1793, après que la convention avoit juré ſous le poignard, de la maintenir.

On eſt étonné qu'au moment où l'anarchie triomphoit, 11 repréſentans ayent eu la force ou la magie, 1°. d'anéantir les ſociétés populaires; 2°. de claſſer avec ſageſſe les différens corps de la nation, dont le premier terme eſt la repréſentation légiſlative; le ſecond, le Directoire exécutif; le troiſième, le miniſtère; le quatrième, la judicature; le cinquième, les adminiſtrations de départemens & de cantons.

Tant que ces dernières fonctions ne seront pas soldées, elles ne pourront être attribuées qu'à des propriétaires aisés, & par conséquent de la classe la plus intéressée au maintien de la constitution.

La division du corps législatif en deux chambres, est bien combinée pour balancer la pétulance populaire d'un Sénat démocratique. Son renouvellement partiel est sage, parce qu'il conserve l'esprit de la constitution, & qu'il arrête la rage d'innovation qui l'altéroit très-vîte.

L'action immédiate du Directoire exécutif sur tous les corps administratifs, lie toutes les parties de la république, elle abbat le pouvoir municipal, qui tendoit à isoler chaque portion du tout. Si on avoit conservé au pouvoir municipal toute son influence, la France auroit fini par ne préſenter qu'un amas de fédéraliſtes comme la ligue des Achéens.

Cette conſtitution préſente dans la création de ſon directoire, un autre avantage ſur celle de 1791. Dans celle-là, le pouvoir exécutif n'étoit ni dedans, ni à côté, mais dehors & en oppoſition de la conſtitution. Dans cette dernière, il eſt dans la loi, & ne peut pas en ſortir ſans qu'elle ſoit diſſoute; ſoit que le dérangement arrive par l'uſurpation du pouvoir légiſlatif, ou par la tyrannie du directoire. La loi eſt le modérateur exact, qui tient en balance les deux pouvoirs. Toute la force du peuple eſt dans la conſtitution, ſoit contre l'ambition des gouvernans, ſoit contre les attentats de ſes propres légiſlateurs.

Il ſemble qu'on auroit dû ajouter aux droits du directoire exécutif, la faculté de proposer des loix, car les gouvernans sont plus à portée d'apprécier les besoins que la multitude. Cette faculté eût été sans inconvénient, puisque le peuple a toujours dans ses représentans des examinateurs sévères & vigilants, chargés de discuter la nécessité & les motifs de ces propositions.

Enfin cette constitution a passé les espérances, que devoit diminuer la constitution qui a enveloppé sa naissance; les citoyens qui l'ont faite, méritent la reconnoissance de la nation qu'ils ont tirée de l'anarchie.

On est fâché de voir cet estimable ouvrage déshonoré par deux articles additionels qui le terminent, dont le premier, qui bannit à *perpétuité* les émigrés, est inhumain; le second qui maintient en possession l'acquéreur de leurs biens, *qu'elle qu'en ſoit l'origine*, eſt injuſte: car s'il eſt prouvé qu'on a vendu injuſtement, c'eſt l'acquéreur que le tréſor national doit indemniſer, & non pas le propriétaire, qui dès que l'injuſtice eſt reconnue, doit rentrer dans ſa propriété.

Voilà ce que preſcrit la juſtice univerſelle. J'ai lu avec indignation dans un journal allemand la défenſe de l'opinion contraire. Si un voleur enlevoit à ce ſophiſte ſa bourſe, trouveroit-il équitable la déciſion d'un juge, qui prononceroit que le voleur doit conſerver la bourſe, & que le volé ſera indemniſé ſur le fiſc?

La convention n'a pas eu le droit de placer dans la conſtitution ces deux articles qui ſont des arrêts, car une condamnation n'eſt pas une loi. La nation ne peut pas être liée par ces deux articles, qui ſont deux décrets de paſſion, & de circonſtance, inſérés mal-à-propos dans le code conſtitutionel, dont ils ne font pas partie.

La convention n'a pas eu le droit de lier toutes les légiſlatures ſuivantes à perpétuer ſes vengeances & ſon injuſtice. Ce feroit fonder la liberté françaiſe ſur le ſang & la rapine. Quand les reſſentimens feront éteints, quand les paſſions feront épuiſées, le français reviendra à ſon caractère, il sentira l'horreur de ces deux loix, & il les effacera de ſon code conſtitutionel.

Un autre article qui méritera l'attention de la nation, c'eſt le danger de la trop grande amovibilité des emplois.

Sans contredit, l'hérédité & la vénalité ſont deux vices abſurdes dans tout gouvernement; elles étouffent l'eſprit public & le patriotiſme, & je n'ai jamais lu en leur faveur que des ſophiſmes, écrits avec toute la mauvaiſe foi de l'eſclavage.

L'inamovibilité des emplois ne peut pas exiſter dans une république fondée ſur l'égalité, parce que tout citoyen eſt ſuſceptible de récompenſes & de châtimens. Mais ce ne doit être qu'à l'un de ces titres qu'un citoyen doit être, ou revêtu, ou dépouillé de l'emploi auquel il ſe conſacre.

Dans un état ſocial auſſi compliqué que ceux de notre ſiècle, toutes les fonctions publiques demandent des études approfondies & une longue expérience.

Les emplois ſont devenus des arts. Tout citoyen que ſon application a porté à une place d'adminiſtration civile, ou militaire, ou de judicature, doit, s'il eſt poſſible, y reſter toute ſa vie.

1°. Pour que cette place ſoit bien remplie. 2°. Pour qu'il puiſſe par ſon exemple former des ſujets, qui, ayant la même eſpérance, ſoient animés du même zèle, & acquèrent les mêmes talens. 3°. Pour que la conſidération de ſa place rejailliſſe ſur ſa perſonne, & ſoit en même tems fortifiée par ſon mérite. 4°. Enfin, parce qu'une république ne peut proſpérer que lorſque les talens ſeront regardés comme la plus précieuſe des propriétés.

La mobilité indéfinie des emplois les dépouille du reſpect qui doit les accompagner, & diminue la conſidération des citoyens qui en sont revêtus. Elle excite l'ambition, mais elle n'encourage pas le désir de bien faire. Elle occasionne des brigues, des jalousies, des haines. Peu de personnes voudront étudier toute leur vie, pour parvenir à bien exercer un emploi, qu'elles ne peuvent garder que deux ans. Ainsi cette mobilité ne peut procurer, ni de bons administrateurs, ni de bons juges, mais des intriguans & des fripons, qui chercheront à profiter du court période de leur existence publique pour s'enrichir, puisque les places ne leur laisseront pas d'autre objet d'ambition.

Le peuple exerce un de ses droits les plus sacrés, dans le choix de ses administrateurs & de ses juges; mais pour son propre bien, il ne doit les renouveller que dans le cas de mort ou de forfaiture. Autant il eſt intéreſſant pour lui d'avoir dans les places d'adminiſtration & de judicature, dans les flottes & dans les armées, des hommes d'un grand talent, par conſéquent de ne deſtituer de ces emplois que pour forfaiture, & de les continuer aux mêmes ſujets, juſqu'à l'âge d'une vétérance caduque; autant il doit être exact à changer fréquemment les places de repréſentans à la légiſlature, du directoire exécutif & du miniſtère, pour éviter que ceux qui en ſont revêtus, n'aſpirent à s'approprier la ſouveraineté, dont des portions leur ſont confiées.

Il ſeroit donc utile de diviſer tous les emplois publics en deux claſſes, les uns à vie, les autres à terme de trois & cinq ans. Cette diviſion ſe préſente d'elle-même. La dernière claſſe ne comprendroit que la légiſlature, le directoire, le miniſtère & les délégués du pouvoir exécutif dans les départements.

J'ai dit que la diviſion de la repréſentation nationale en deux conſeils était avantageuſe; mais le corps légiſlatif eſt peut-être trop nombreux, & a trop peu d'occupations pour être dangereux. On pourroit ſur ſon organiſation & ſur ſes fonctions, économiſer & ſimplifier, ſans nuire à l'intégrité de la ſouveraineté du peuple: ce ſeroit peut-être le plus ſûr moyen de la maintenir, en évitant les chocs entre les deux chambres, ou entre les deux pouvoirs.

Trop de loix, point de loix. On n'a déjà que trop fait de loix, on ne peut pas faire des loix toute l'année, & ſi on veut que des loix ſoient mal faites, il n'y a qu'à les faire faire par cinq cents perſonnes.

Les fonctions des deux conſeils ſont très-diſtinctes. L'attribution du conſeil des anciens eſt de veiller ſur l'intégrité de la conſtitution, & de ratifier par ſa ſanction les nouvelles loix qui ſeront propoſées par le conſeil des cinq cents. Ce *Veto* eſt ſage, parce qu'il ne ſert point l'ambition particulière, parce qu'il reſte entre les mains du ſouverain, qui eſt le peuple; au lieu que dans la conſtitution de 1791, il étoit attribué préciſément au pouvoir, qui en abuſant de cette faculté, pouvoit devenir oppreſſeur.

Le conſeil des cinq-cents eſt chargé de propoſer les loix qu'il juge néceſſaires pour le ſoutien de la conſtitution. Ces fonctions importantes ſont bien poſitivement des travaux de cabinet, parce qu'elles demandent de l'application & du recueillement; ainsi la multitude ne peut que nuire à la perfection des productions qui en sortiront.

Il paroît donc, 1°. que chaque conseil est trop nombreux pour son genre de travail; 2°. qu'il est au moins inutile qu'il se rassemble tous les jours, parce qu'il n'a pas matière suffisante à occuper toutes ses séances.

En fait de gouvernement comme en méchanique, plus il y a de ressorts, moins le mouvement est assuré; tous ceux qui ne sont pas indispensablement nécessaires sont nuisibles.

Quoiqu'on parle continuellement de vertus en France, il s'en faut de beaucoup qu'on puisse espérer que les sept à huit cents représentans du peuple seront des ſages, des vrais patriotes, des ſénateurs déſintéreſſés & impartiaux. Cette perfection n'eſt point dans la nature humaine; & ſi elle pouvait exiſter, ce ſerait en France moins qu'ailleurs qu'il faudrait la chercher; puiſqu'encore on y ſacrifie continuellement à l'orgueil, à l'avarice, au meurtre, à la vengeance, à l'égoïſme, puiſque même on a fondé l'hypothèque de la fortune, ou plutôt de la miſère publique, ſur une injuſtice très-immorale, puiſque le berceau de la république eſt tiſſu des crimes de ſes fondateurs, puiſque la nouvelle conſtitution n'a changé ni les principes, ni les hommes.

La compoſition actuelle de la repréſentation nationale entraîne beaucoup d'inconvéniens & même de dangers.

L'oiſiveté à laquelle elle ſera réduite pendant la plus grande partie de l'année, la rendra pareſſeuſe, minutieuſe, intrigante; dans ce cas elle tombera dans le mépris, & elle ne ſervira plus de contre-poids au directoire exécutif, qui l'éclipſera entièrement. Alors les repréſentans, n'ayant rien à faire pour la choſe publique, ne s'occuperont que d'eux-mêmes, ou de leurs parens & amis; ils deviendront les cliens des directeurs & des miniſtres, & ils s'accoutumeront à la vénalité & à l'eſclavage.

Si le conſeil des cinq cents, (car celui des anciens eſt purement paſſif) craint cette oiſiveté & les vices & le mépris qui en réſulteroient, il deviendra inquiet & factieux, il ſera la pépinière d'un tribunat populaire, toujours prêt à accuſer & opprimer le directoire & les miniſtres, & en toute occaſion il ſe mêlera, contre l'eſprit de la conſtitution, de toutes les affaires publiques, ſoit pour influencer le gouvernement, ſoit pour le contrequarrer, le changer, l'abattre, pour ſe donner de l'importance. L'odieux métier de délateur deviendra un titre de patriotiſme dans cette aſſemblée turbulente; on y verra régner encore les factions; elle redeviendra immorale & anarchique, comme la convention nationale l'a toujours été de ſon propre aveu, & la conſtitution ne pourra pas réſiſter longtems à tous les tiraillemens de l'ambition particulière & de la frénéſie publique.

Il eſt néceſſaire de conſerver la repréſentation nationale telle qu'elle eſt établie par la conſtitution. Il eſt néceſſaire de l'entourer d'une grande dignité. Il eſt néceſſaire de l'empêcher de s'égarer dans ſes fonctions, par l'extenſion qu'elle croiroit devoir leur donner, pour éviter l'oiſiveté. Il eſt néceſſaire que le peuple ne puiſſe jamais trouver qu'elle ſoit un moment inactive, par conſéquent inutile.

Bien loin de craindre d'altérer la conſtitution, je croirois rendre à ma patrie le ſervice de l'aſſeoir ſur une baſe plus ſolide, en propoſant :

1°. De diminuer conſidérablement le nombre des repréſentans, ſans rien changer à la forme & aux attributions de ſes deux conſeils. Trois députés par département ſuffiroient pour repréſenter la nation, dont l'un entreroit dans le conſeil des anciens, deux dans celui des cinq cents.

Il faudroit fixer l'âge des repréſentans à 40 ans, afin que les membres euſſent déjà paſſé par d'autres emplois, que leur caractère moral fût formé & connu, que leurs concitoyens puſſent les juger ſur leurs ſervices & non pas ſur leur *parlage*; enfin pour qu'on ne prît pas les bluettes de la jeuneſſe pour du génie. Il n'y a que trop d'eſprit en France, c'eſt le bon ſens qu'il y faut mettre en requiſition permanente. Ainſi le conſeil des anciens ſeroit composé d'environ cent membres, celui des cinq cents (auquel on donneroit une autre dénomination) ſeroit du double. Leurs fonctions ſeraient triennales, comme le preſcrit la conſtitution; tous les ans, l'un des trois ſortiroit par le ſort, & un nouveau membre prendroit ſa place.

Une pareille aſſemblée auroit bien plus de dignité que celle actuelle ; elle ſeroit auſſi mieux choiſie, elle coûteroit les deux tiers de moins à la nation, & en outre ce ſeroient moins d'individus & de familles nouvelles à enrichir aux dépens du peuple ; car il n'eſt que trop vrai que la plupart des députés des trois légiſlatures qui ont précédé l'établiſſement conſtitutionnel de la république, ſe ſont conſidérablement enrichis, & que toujours ils chercheront à s'enrichir dans ces places triennales. C'eſt un inconvénient auquel il eſt impoſſible de remédier. La déclaration à laquelle on a vainement tenté pluſieurs fois de les ſoumettre, pourroit facilement être éludée, & ſeroit une humiliation inutile, qui ne feroit qu'afficher un manque de confiance de la part du peuple dans la moralité de ses représentans.

2°. De ne rassembler la législature que trois mois par an, pour recevoir les comptes de recette & dépense, déterminer les contributions & la répartition des fonds de l'année suivante, connoître les relations extérieures, l'état intérieur, fixer la dette publique & les amortissemens, faire, sur la présentation du directoire & des ministres, les loix, ou les modifications des loix nécessaires, juger la conduite des grands administeurs sur les dénonciations authentiques, en cas qu'ils eussent manqué à la constitution ; prendre toutes les mesures nécessaires pour la fortifier, enfin proposer les points vicieux au tribunal de revision.

Il faudroit ſtatuer ſur-tout que la légiſlature ne pût, dans aucun cas, être aſſemblée moins de trois mois, & plus de ſix, pour que jamais elle ne pût s'emparer des pouvoirs réunis, ou rétablir un pouvoir révolutionnaire, qui eſt la tyrannie fondée ſur l'anarchie, ou ſe déclarer jamais en permanence.

3°. Pour empêcher que pendant les neuf mois de vacance de l'aſſemblée légiſtative, le directoire exécutif, ou un particulier quelconque ne pût attenter à la ſouveraineté nationale, il ſeroit nommé chaque année neuf membres, dont trois de la chambre des anciens, qui auroient la même réſidence que le directoire, & qui s'aſſembleroient tous les jours ſous le nom de *comité de ſurveillance.*

Leurs fonctions conſiſteroient à recevoir toutes les dénonciations qui seroient faites, de toute démarche qui violeroit ou même écarteroit la constitution dans les actes ou la conduite du gouvernement. Ce comité donneroit sur-le-champ par écrit, communication de la dénonciation au directoire, mais sans compromettre le dénonciateur; il recevroit aussi par écrit la réponse du directoire : si, après l'explication, la dénonciation se trouvoit calomnieuse, le dénonciateur seroit remis à un tribunal; si elle se trouvoit vraie, ou le directoire & le ministre redresseroient l'abus & puniroient le coupable, auquel cas ils ne mériteroient aucun blâme, ou ils soutiendroient les accusés; alors le comité renouvelleroit son avertissement jusqu'à trois fois, toujours par écrit. Après quoi, si le délit étoit grave, &

pouvoit entraîner, ou le renversement de la constitution, ou l'usurpation de la souveraineté; en un mot, si la république se trouvoit en danger, le comité auroit le droit & seroit obligé de convoquer extraordinairement l'assemblée législative, par la formule simple de la déclaration suivante : *la république est en danger*.

Le comité de surveillance n'aurait d'ailleurs aucun droit de s'immiscer dans le gouvernement; il n'auroit aucune force, ni active, ni prohibitive, ni coërcitive, & il n'auroit aucun ordre à donner.

Si le délit n'emportoit pas un danger imminent pour la république, le comité attendroit l'époque de sa rentrée; alors il rendroit compte du délit, des avis qu'il a donnés & des réponses qu'il a reçues, pour que les chambres puſſent ſtatuer ſuivant les formes preſcrites par la conſtitution.

Pour éviter que ces neuf repréſentans puſſent être gagnés & entrer dans un complot contre la conſtitution & contre la ſouveraineté nationale, il faudroit que la négligence de leurs devoirs fût punie comme un crime capital. Cette négligence ſeroit facilement reconnue par l'aſſemblée, ſoit parce qu'elle s'apercevroit elle-même de la léſion faite à la conſtitution, ſoit parce que le citoyen qui auroit eu le courage de porter la dénonciation au comité de ſurveillance rendroit compte de ſon inaction, ou par le renouvellement de ſa dénonciation, ou par la clameur publique.

Ce comité de ſurveillance n'auroit le droit d'inquiéter le directoire par ſes avis, que dans le cas d'une dénonciation. Il n'auroit le droit, dans aucun cas, de faire des recherches sur l'administration par lui-même, ni de porter un regard investigateur dans les bureaux du directoire & du ministère.

Il ne lui seroit jamais permis, collectivement ou individuellement, de se porter pour dénonciateur. Ses fonctions seroient purement passives.

Ce comité n'exerçant aucune autorité, ne pourroit jamais gêner, ou arrêter la marche du gouvernement; il auroit tous les avantages du tribunat populaire, sans en avoir les inconvéniens.

Cependant les deux conseils de la législature n'étant tenus qu'à une session de trois mois par an, seroient suffisamment occupés de la partie de l'économie politique que leur attribue la constitution. Aucun membre ne pourroit ſe diſpenſer, ſous aucun prétexte, de ſe rendre au ſein de l'aſſemblée; les places vacantes de chaque département ſeroient remplacées ſur-le-champ. Il n'y auroit ni influence ni confuſion entr'eux & le gouvernement. Cette aſſemblée ne ſeroit plus ni bavarde, ni factieuſe, ni ridicule. Elle ſeroit toujours utile, & par conſéquent toujours environnée de reſpect & de dignité.

De ces trois propoſitions, comme la première qui conſiſte à faire une diminution des deux tiers dans le corps légiſlatif, entraîne une innovation dans ſa forme conſtitutionnelle, elle ne pourroit pas être effectuée tout de ſuite, mais elle pourroit être préſentée d'abord à la réviſion comme avantageuſe.

Quant à la ſeconde & à la troiſième, comme

comme elles ne ſont qu'un changement dans la modification de l'aſſemblée légiſlative, & qu'elles ne touchent en rien à la conſtitution, cette première légiſlature pourroit les adopter ſur-le-champ, pour éviter les dangers du mauvais emploi de ſon tems, qu'elle reconnoît dès le commencement de ſa première ſeſſion, auxquels il faut oppoſer un prompt expédient, avant que le mal ne devienne peut-être irremédiable.

Il ne s'agit pas de conſidérer ſi l'auteur de ces trois propoſitions eſt proſcrit ou non, mais de peſer attentivement quel eſt leur degré d'utilité. Un proſcrit, réfléchiſſant dans la ſolitude, peut avoir des idées ſages & utiles. Ce proſcrit déteſte les factions, mais il aime ſa patrie, que, quoi qu'en diſent tous ſes ennemis, il a ſauvée, & qu'il ſauveroit encore, s'il étoit rappellé dans une crise dangereuse. Il desire le bonheur de ses concitoyens sous quelque constitution qu'ils adoptent; & si la république peut un jour faire la félicité du peuple français, il criera comme les grenadiers qu'on fusilloit, cette année à Aix-la Chapelle : *vive la république !*

Du Gouvernement.

LE but unique de toute constitution quelle qu'elle soit, est de donner à la nation un bon gouvernement. Si le gouvernement marche bien, la constitution est bonne; si la jalousie de l'exercice de la souveraineté peut établir une lutte entre les deux pouvoirs, la constitution ne vaut rien.

L'essai de la liberté depuis six ans, a conduit à l'anarchie : la chûte de la constitution conduiroit au despotisme. Tout doit donc tendre à favoriser l'établissement du gouvernement, & à assurer la liberté de ses mouvemens.

Le directoire exécutif doit être impassible, & ne s'occuper absolument que des affaires. Il doit rejetter toute influence de tout membre de l'assemblée législative, toute recommandation, toute clientelle. S'il se laisse entamer, il est avili & perdu.

Il est à craindre qu'en montrant cette inflexible énergie, en sacrifiant au bien public son intérêt personnel, il ne s'expose à des ressentimens, à la vengeance, aux accusations de toute espèce. Le peuple, accoutumé à regarder les membres du gouvernement comme ses serviteurs, ou plutôt comme ses esclaves, sera toujours prêt à adopter toute accusation contre eux, parce que les délateurs lui inspireront toujours la jalousie de sa souveraineté, & que c'est sur ce motif qu'ils dirigeront toujours les griefs contre les membres du gouvernement qu'ils voudront perdre.

Un autre danger pour les cinq membres du Directoire exécutif, c'eſt la jalouſie & l'oppoſition qu'ils peuvent ſouvent rencontrer dans les ſix membres du miniſtère. La ſubordination des miniſtres devroit être abſolue, pour qu'il n'y eût jamais de frottement entre le commandement & l'exécution.

Mais comme ces ſix miniſtres, quoique choiſis par les cinq membres du Directoire, ſont aſſujétis à une reſponſabilité particulière & perſonnelle, comme leur deſtitution n'eſt pas dans la main du Directoire, ils ſont réellement indépendans. Ce ſont deux corps ſéparés dans le gouvernement, & tous corps ſéparés tendent à lutter entr'eux.

Il eſt à craindre que lorſque les miniſtres s'appercevront que le Directoire en entier, ou quelques-uns de ſes membres déplairont à une des factions de l'Aſſemblée légiſlative, ou à l'une de ſes chambres, ou au corps légiſlatif entier, ils ne ſe ſéparent du, ou des membres en défaveur;.ce qui ſeroit une ſource continuelle de délations, d'oppoſition, d'actes de déſobéiſſance, ſous le prétexte du bien public.

Il ſeroit pareillement à craindre que les miniſtres ne ſe rendiſſent indépendans chacun dans leur département, ce qui rendroit le Directoire oiſif, nul & inutile, par conſéquent mépriſable comme un roi fainéant; alors, n'ayant ni activité, ni dignité, il tomberoit de lui-même.

Lorſque je préſente ces objections contre la marche du gouvernement établi en conſéquence de la conſtitution que le peuple Français vient d'accepter, ce n'eſt qu'afin que l'Aſſemblée légiſlative, dont le devoir eſt de régler tout ce qui peut tendre à la perfection de la conſtitution, pourvu qu'elle n'y change rien, obvie, dès le principe de ſon établiſſement, aux deux dangers qui peuvent entraver la marche du gouvernement, dont la France a un beſoin extrême.

1°. En ôtant aux membres des deux conſeils légiſlatifs, la faculté d'influencer le Directoire & le miniſtère, ſoit dans la nomination des emplois, ſoit dans la conduite des affaires, en faiſant à cet égard une loi très-ſévère pour mettre les membres du Directoire & tout ce qui dépend d'eux à l'abri de la vengeance & des accuſations des repréſentans, qu'ils auroient pu irriter par un juſte refus.

Cette loi eſt d'autant plus urgente que

le corps légiſlatif doit s'attendre à être toujours diviſé, au moins en deux factions; que cette oppoſition, dérivant de la nature humaine, eſt peut-être néceſſaire pour le ſoutien du zèle patriotique, & de la conſtitution; que dans cette lutte le gouvernement doit toujours reſter neûtre & libre, ſans quoi celle des factions qui entraîneroit, ou ſoumettroit le Directoire, ſeroit maîtreſſe de tout, & détruiroit la liberté.

2°. En ſoumettant par une loi préciſe les ſix membres du miniſtère aux cinq membres du Directoire, de manière que ſous aucun prétexte ils ne puiſſent jamais établir une ſciſſion dans le gouvernement : la maxime machiavélique *divide & impera*, peut en quelque façon être adoptée entre deux pouvoirs hétérogènes, comme le légiſlatif & l'exécutif, mais elle deviendroit la ſubverſion de tout ordre, & même du contrat ſocial, ſi elle étoit introduite entre les parties du même pouvoir. Le Directoire eſt la tête, le miniſtère eſt le bras; dès que le premier ceſſeroit de régler les mouvemens du ſecond, il n'y auroit plus de gouvernement.

3°. Il eſt néceſſaire auſſi que pour donner au gouvernement de la force & de la dignité, toute accuſation, ou délation intentée contre un de ſes membres, ſoit du Directoire, ſoit du miniſtère, puiſqu'ils ſont ſoumis à une égale reſponſabilité, ne puiſſe être accueillie par le conſeil des cinq cents ſans être ſignée par le dénonciateur, & qu'en cas de calomnie, d'intrigue, ou de légèreté dans l'accuſation, on ne ſe contente pas de renvoyer le membre accuſé à ſes fonctions, mais que la loi prescrive différens degrés de punition pour les différens degrés d'injures faites à l'accusé. Quelque sévère que puisse être cette loi, le danger des dénonciateurs sera toujours moindre que celui des dénoncés.

4°. Par la même raison, le corps législatif ne doit jamais permettre qu'aucun de ses membres se porte comme accusateur des membres du directoire, du ministère, ou de l'administration, puisque le conseil des cinq-cents doit prononcer s'il y a lieu, ou non, à l'examen de la conduite de l'accusé, & que celui des Anciens doit le condamner, ou l'absoudre. Dans le cours de cette terrible révolution, les représentans du peuple ont été trop souvent accusateurs & juges à la fois.

Si l'aſſemblée légiſlative débute par porter ces quatre loix d'urgence, elle s'honorera aux yeux de la nation, qui jugera avec raiſon qu'elle ne veut pas permettre qu'aucun de ſes membres puiſſe, en aviliſſant le pouvoir exécutif, ou s'enrichir ſoi & les ſiens, ou ſe donner des clients, ou accaparer les fonctions publiques, ou influencer le cours des affaires, s'emparer du pouvoir ſuprême, en gagnant, effrayant, ou perdant les membres du Directoire, ou du miniſtère.

Alors le gouvernement aura toute la facilité poſſible pour agir, & s'il ne marche pas bien, on jugera plus ſûrement quels ſont ſes défauts, & on pourra y remédier ſans ſecouſſe. Il faut, ſurtout dans le début d'une conſtitution qu'on veut rendre ſolide, que la puiſſance légiſlative n'ait d'action ſur le pouvoir exécutif que pour le ſecourir & l'appuyer. Ainſi, toute perſonnalité d'un repréſentant contre un membre du Directoire, ou du miniſtère, doit être regardée comme un crime contre la conſtitution, parce qu'en troublant le gouvernement conſtitutionnel, il détruit la ſolidité du contrat ſocial, & il ramène au gouvernement révolutionnaire, ou à l'anarchie.

Les fonctions du Directoire exécutif ſeroient effrayantes & preſqu'impratiquables ſans ces quatre loix, que je propoſe ; avec ces loix elles deviennent faciles ; & c'eſt ſur-tout ce qu'on doit chercher.

Toute la ſcience du gouvernement, quel qu'il ſoit, eſt de protéger les propriétés & les perſonnes. C'eſt pour garantir les unes & les autres que les ſociétés se sont formées, & se sont donné des loix.

Les peuples les plus simples ont développé souvent les meilleurs principes, dont on ne s'est que trop écarté, en voulant les soumettre à l'analyse.

Les montagnards de la Carinthie proclamoient autrefois leurs Ducs sur un Pavois au milieu d'un champ. Tout leur code social étoit renfermé dans un vieux distique latin, qui comprend tout ce que la métaphysique a tant embrouillé depuis.

Rusticus et princeps meritò dat sceptra, capit que ;
Sustentat cives ille, sed iste regit.
Serviet ille lubens, bene si servetur ab isto.
Rus colat hic, alter res tegat agricolæ.

« C'est justement que le propriétaire donne l'empire, » et que le prince l'exerce. Le premier nourrit les ci- » toyens, le second les gouverne. Le propriétaire

» obéira volontiers, s'il est bien défendu par le prince. » L'un doit cultiver, l'autre doit protéger ».

Dans une république, c'est la loi qui est le prince, & les préposés chargés de la faire exécuter doivent jouir spécialement de sa protection, lorsqu'ils remplissent exactement leurs devoirs. Si on les tient continuellement sous le poignard des délations, on les avilit : alors ils n'ont plus ni le courage ni la force nécessaires pour gouverner.

On parle continuellement de vertu en France, mais à force de soupçons on n'y croit plus, & on en étouffe le germe. Si elle cède aux circonstances, on la traite d'indifférence, de modérantisme, d'aristocratie. Il n'y a donc plus que des ambitieux téméraires qui puissent aspirer aux emplois publics, l'homme sage se cache, la prudence l'emporte ſur le patriotiſme.

La révolution étant terminée, la république étant établie par le vœu de la grande majorité de la nation, la conſtitution étant faite & conſentie, le premier effet qui doit en réſulter eſt un changement moral, qui éteigne les haines, les ſoupçons, les injuſtices & les crimes.

La liberté doit être pour tous. Tout Français qui ne veut pas ſe ſoumettre à un gouvernement républicain, doit avoir la liberté de vendre ſes propriétés, & de s'expatrier. La nation n'a le droit ni de le dépouiller, ni de le forcer à vivre ſous un régime ſocial qui ne lui convient pas. Mais auſſi tout Français qui ſe ſoumet à la conſtitution républicaine, eſt tenu de la maintenir & de la défendre.

Ce n'eſt réellement que de l'époque

du jour où a commencé le gouvernement républicain constitutionnel, que commence aussi le crime de lèze-nation. Tout ce qui s'est passé précédemment, aux atrocités près, n'est qu'un combat d'opinions & de factions. Cette époque doit effacer, s'il est possible, jusqu'aux crimes, pour ne pas les perpétuer; mais s'ils restent impunis pour avoir été trop multipliés, il faut au moins ôter aux nombreux satellites de la dernière tyrannie la possibilité de renouveller toutes les horreurs qui ont souillé cette terrible révolution.

Déjà un certain nombre a été écarté par l'indignation publique, & sans la malheureuse guerre des sections de Paris, on n'auroit plus entendu parler des terroristes & des jacobins. Il est à espérer que les départemens auront choisi peu d'individus de cette secte abhorrée pour former la nouvelle législature, & qu'ils ne présenteront dans la première assemblée qu'une minorité honteuse, qui s'épurera aux législatures suivantes.

En attendant, il est à souhaiter que ces loups déguisés soyent obligés de changer leur langage, & de maudire à l'unisson de la majorité, le terrorisme qu'ils cacheront dans leurs cœurs. Peut-être leur impuissance les corrigera-t-elle, sur-tout si on ne rétablit pas les clubs délibérans, ces écoles publiques où l'on professoit le crime & l'anarchie.

Cette époque doit procurer une renaissance, une régénération de la nation française. Pour pouvoir se conserver république, elle doit se rendre digne de soutenir ce régime austère, qui demande des vertus très-actives. Les meilleures loix possibles deviendroient insuffisantes & illusoires, si le gouvenrement manquoit de la force nécessaire pour les faire exécuter. C'est sur-tout pour la partie de la rentrée des contributions publiques que le Directoire doit être armé d'une grande puissance.

La révolution n'a pas mis d'égalité dans les fortunes; elle n'a fait que changer les riches en pauvres & les pauvres en riches. Les possessions territoriales ont passé des mains des anciens seigneurs dans celles des fermiers. Les hôtels du fauxbourg St.-Germain sont possédés par des agioteurs les plus vils, des commis & d'anciens valets enrichis. Cette nouvelle classe d'aristocrates est bien plus immorale, plus récalcitrante à la loi, que celle qu'on a dépouillée &

contre laquelle on a fait des plaintes si exagérées.

Les cultivateurs ne veulent point recevoir de papier monnoie, quoiqu'ils veuillent payer en assignats leurs contributions, ils mettent la cherté aux subsistances, & cependant, tant que durera la guerre, on n'a rien à leur reprocher, car c'est sur eux que tombe tout le fardeau des réquisitions en hommes, en chevaux, en bestiaux, en charrois, en denrées; ainsi, cet état de guerre entr'eux & les citoyens des villes, entr'eux & le crédit national, n'est qu'une représaille sans laquelle ils seroient ruinés, s'ils ne trouvoient ce moyen de dédommagement.

Il faut cependant, pour que le gouvernement puisse faire face aux dépenses qu'il soit assuré de la rentrée exacte des contributions, soit en nature, soit en en numéraire, soit en papier. Il faut que la loi atteigne le cultivateur qui ne paie pas, mais sans oppression & sans secousse.

La contribution est bien plus facile à établir sur les habitans des villes, parce-qu'elle porte sur des taxes de maisons & de rentes, sur des patentes pour l'industrie, sur des droits de timbre, sur les transactions sociales, & en général sur des objets de perception, clairs, faciles, & qu'on ne peut pas aussi aisément éluder.

S'il faut au gouvernement beaucoup de force & d'autorité pour établir solidement la perception, ou la recette des finances, il en faut bien davantage pour former un tableau de dépense fixe & modérée, qui puisse rétablir l'équilibre entièrement rompu.

A cet égard le mal eſt ſi grand, que quand même le crédit des papiers ſeroit relevé, quand même les dettes de la France ſeroient entièrement payées, ſa dépenſe exceſſive ſuffiroit ſeule pour produire en peu de tems la perte de la république. On eſt effrayé quand on penſe que pour pouvoir redreſſer cette balance, il faut parvenir à ne dépenſer en une année que le tiers, ou au plus la moitié de la dépenſe d'un mois.

La dépenſe annuelle du gouvernement révolutionnaire monte à plus de vingt milliards par an, & tous les gouvernemens de l'Europe réunis ne pourroient pas ſoutenir cette dépenſe pendant dix ans. A la vérité le diſcrédit des papiers produit une hauſſe fictive, qu'il faut calculer preſqu'aux dix-neuf vingtièmes de cette ſomme. Lorſque ce funeſte papier se relevera, ou s'anéantira, lorsque la masse des mandats sera diminuée, ou lorsqu'ils seront entièrement hors de la circulation; lorsqu'après avoir épuisé encore d'autres ressources frivoles de papier, comme minoratifs de l'inévitable banqueroute, on ne recevra plus dans les échanges que le numéraire; lorsque les dépenses excessives de la guerre, lorsque les folles & criminelles dépenses d'un gouvernement soupçonneux & tyrannique seront cessées, alors on pourra espérer de réduire la dépense au taux de la recette.

Mais comme tout est immoral dans le tourbillon de cette révolution, comme chacun regarde sa solde comme la moindre partie du gain qu'il se propose, parce que tous desirent que la progression de leur fortune soit aussi rapide qne les évènemens de la révolution, chaque partie de l'adminiſtration eſt devenue un antre de voleurs. Il faut que le Directoire devienne véritablement l'HERCULE FRANÇAIS, pour purger ces cavernes de crimes & de larcins. Il lui faut donc beaucoup de force & de courage, une indépendance abſolue & ſur-tout une grande latitude d'autorité.

Indépendamment des déprédations à détruire, il n'eſt aucune partie de l'adminiſtration, dans laquelle il n'y ait à faire une réforme des quatre cinquièmes. J'ai vu le temps où quarante commis faiſoient marcher le miniſtère de la guerre ; il en occupe aujourd'hui dix fois autant.

Plus d'un huitième des habitans de la France eſt ſoldé par la nation, & c'eſt préciſément cette multiplicité de gens ſalariés, qui en ruinant l'état empêche le gouvernement de marcher.

Comme il ne doit plus être queſtion de payer les factions & les crimes; il ne doit plus y avoir de ſolde que pour l'utilité, d'encouragemens que pour l'induſtrie & les arts, de récompenſes que pour la vertu, & de ſecours que pour l'indigence.

Cette guerre ſanglante, & trop prolongée, tant extérieure, qu'intérieure, occaſionnera pour très-longtemps une double dépenſe, même après ſa terminaiſon. La république paiera long-temps deux armées, l'une active de terre & de mer, réduite à une juſte proportion; l'autre paſſive, des vétérans, des eſtropriés, des veuves, des orphelins, dont la ſubſiſtance eſt la dette la plus ſacrée de la nation; il faut compter encore

ſur

ſur beaucoup d'autres penſions juſtes & néceſſaires pour d'autres genres de ſervice. La totalité de ces récompenſes abſorbera indiſpenſablement un ſixième des revenus de la république.

Il eſt temps que l'affreux principe prêché par Cambon & ſes pareils, que l'ingratitude eſt la vertu des républiques, faſſe place à un principe plus juſte & plus noble. Il eſt temps que la reconnaiſſance nationale devienne la vertu du patriotiſme & des talens. Le ſoupçon ne produit que des hypocrites, des délateurs & des factieux. La confiance & la gloire produiſent des héros & de bons citoyens. Telles ſont les vraies colonnes qui peuvent ſeules ſoutenir le temple de la liberté républicaine.

CONCLUSION.

TOUT ce que je viens de dire ſur la république françaiſe a pour baſe l'hypotèſe, 1°. de la majorité abſolue des ſuffrages pour l'acceptation de la conſtitution de 1795, 2°. de la perſévérance des Français à ce régime qui exige de grandes vertus & de grands ſacrifices, 3°. de la force & de la volonté du nouveau gouvernement pour abattre toutes les factions, 4° de ſa ſageſſe pour procurer promptement la paix générale, 5° de ſon habileté pour rétablir les finances, retirer ou réacréditer les mandats, égaliſer la dépenſe à la recette, raviver l'agriculture, le commerce & l'induſtrie,

& faire de la justice la base unique de sa politique extérieure & de sa conduite intérieure.

Si cette hypotèse n'est qu'une chimère, si le bien qu'on espère n'a que de l'apparence & point de réalité, si on continue à tromper le peuple, à le rendre cruel & séditieux, en le berçant de la chimère d'une démocratie qui ne peut pas avoir plus de durée & plus de solidité, que l'attitude d'un homme qui entreprendroit de marcher toujours la tête en bas & les pieds en l'air; si l'assemblée des Représentans ne se circonscrit pas sévèrement dans ses fonctions législatives, si elle entrave la marche du gouvernement par des factions, des délations & des déclamations vagues, ignorantes & indécentes;

Si le directoire exécutif se montre ou

factieux ou foible, ou injuste, ou cruel, ou divisé, ou ignorant ; s'il continue la guerre sur des plans téméraires, funeste conséquence d'un système usurpateur insoutenable, s'il ne vient pas à bout d'approvisionner sur-le-champ les armées, de les discipliner, de fortifier, ou ranimer leur confiance, qui semble fort diminuée depuis le mois de Septembre; sur-tout s'il ne vient plus à bout de remonter le crédit des finances & de les rétablir sur une base solide ;

Si la nation n'apperçoit pas la fin des maux qu'elle souffre depuis six ans, dans le nouvel ordre de choses, ou plutôt dans les agents chargés de réparer les calamités, dont une partie sont leur ouvrage.

Alors on peut trouver encore dans la constitution de 1795 la propriété de la lance de Telephe, elle ſeule peut guérir les bleſſures qu'elle aura faites, & pour éviter la banqueroute, l'anarchie, la guerre civile & le deſpotiſme, il faudra conſerver précieuſement cette conſtitution, dont il n'y aura en ce cas à échanger que le titre du pouvoir exécutif pour le ſimplifier, & le réunir ſur une ſeule tête ſous quelque dénomination que ce ſoit. C'eſt dans l'année 1796 que le ſort de la France ſera enfin décidé, & que les Français après une métamorphoſe de ſept ans deviendront hommes.

www.ingramcontent.com/pod-product-compliance
Ingram Content Group UK Ltd.
Pitfield, Milton Keynes, MK11 3LW, UK
UKHW021207220726
13924UKWH00003B/1380